HYPNOSE et POSTURE du PRATICIEN

Christophe Pank

«Travailler avec un partenaire impose une responsabilité au praticien, celle d'un accueil inconditionnel»

Sommaire

Introduction

Il est une curiosité en hypnose, dans la dynamique thérapeutique, c'est le fait de **peu se préoccuper de la posture et du cadre** de la pratique.

On peut facilement me dire que, bien entendu, nous enseignons le RAPPORT, les différentes façons de parler et de se tenir. Certaines académies vont même jusqu'à conseiller comment le praticien devrait se placer. On met même en place des cours d'agencement de Cabinet.

A mes yeux tout cela est **inutile** si nous ne prenons pas un long moment pour **faire travailler l'attitude et les règles** de base des séances.

J'ai été le premier à suivre de nombreuses formations, j'ai appris des techniques, des méthodes, mais à aucun moment on a **pris le temps de m'enseigner l'attitude et la façon d'être en tant que praticien.**

On pourrait me dire que c'est simplement l'enseignement d'une école qui en manquait mais j'ai fait diverses formations dans des écoles et avec des méthodes différentes.

De même, dans mes nombreuses rencontres avec d'autres thérapeutes, je n'ai vu une vraie attention sur la posture qu'au travers des **méthodes plus analytiques.**

En Psychanalyse, en Gestalt, en AT, dans le style Rogerien… ils insistent particulièrement sur ces points, notamment en abordant des éléments comme **le TRANSFERT.**

En **hypnose symptomatique**, à la différence de l'Hypnosophie, il est considéré que le nombre de séances et la méthode utilisée doivent **éliminer ou éviter le transfert et le contre transfert.**

Le praticien ne se souciant guère de ses projections, de ses croyances au travers des travaux proposés dans les transes du partenaire.

Pour **avoir été dans cette croyance,** qui avec le recul devait ressembler davantage à du **coaching,** (la PNL ayant été très importante dans ma vie), j'insiste aujourd'hui réellement sur de nombreux éléments lors des partages avec mes apprenants.

Comme dans l'ensemble de mes ouvrages, je pars du principe que ma perception et mon expérience **feront varier ma position.**

Je vous offre aujourd'hui différents éléments que j'estime importants. Comme à chaque fois, testez, observez et concluez. Si vous trouvez que cela est intéressant, partagez.

Chapitre 1 : Qu'est-ce qu'une Posture ?

La première chose qui est importante à définir est le mot **POSTURE** dans ma sémantique.

La POSTURE est le **RÔLE que nous jouons** avec des partenaires. La façon de contacter, de communiquer, d'échanger avec ces derniers, mais également de le faire avec soi-même.

Nous avons **tous différentes postures dans notre quotidien.** Nous pouvons être père, professeur, bénévole, artiste, sportif …

Dans chacun de ces rôles nous avons **des règles différentes,** des façons de nous comporter. Vous n'allez pas être le même quand vous débattez avec vos amis qu'en cabinet.

Notre Posture de Praticien est vraiment une façon d'être, de se comporter, de recevoir « l'autre » de façon **parfaitement unique.** J'insiste sur **cette facette unique** de notre rôle.

L'une des difficultés que nous rencontrons souvent, dans notre milieu du mieux-être et du développement personnel, c'est que **nous pouvons devenir notre posture.**

La plupart d'entre nous sommes allés dans ces domaines d'activité par passion, par envie de nous aider et d'aider les autres.

Fréquemment, à l'inverse de beaucoup, **nous avons fait un job qui nous convenait,** nous avons utilisé des aptitudes naturelles d'écoute, d'empathie, de motivation pour en faire un quotidien.

Ces traits de caractères, qui étaient des facilités initialement, sont **devenus les bases de notre posture.** Seulement, l'empathie que nous pouvions avoir en excès avec des amis ou sa famille n'a pas sa place dans un cabinet.

Notre rôle naturel est devenu un rôle professionnel sans que jamais ne nous ayons fait varier notre posture. C'est à ce moment-là que **les facilités deviennent des freins.**

Le rapport dans un cabinet, même s'il demande de l'empathie, de l'écoute, des orientations, ne doit absolument pas devenir **une souffrance commune,** une passivité d'écoute qui donne tant l'impression que le thérapeute dort, ou assène des conseils ou des vérités...

Nous ne sommes plus l'ami, le sauveur du groupe, le psy que tout le monde contacte.

Mais nous sommes **un professionnel** qui, au travers de ses techniques, **doit tenir une place spécifique,** les attentes de nos partenaires ne sont pas celles de nos amis, de notre famille.

A ces moments-là nous prenons un rôle à la fois plus **NEUTRE et paradoxalement plus impliquant.**

Nous n'avons en tête que ce que notre partenaire nous propose que ce soit d'un point de vue sémantique, émotionnel ou postural.

Nous ne devons pas nous perdre dans ce que nous sommes dans notre quotidien. Par exemple, un patient vous parle de sa problématique avec sa femme. Si la veille votre meilleur ami vous a parlé de la même problématique, vous devez savoir que vous n'êtes pas là pour **donner des 'réponses' prémâchées, ni même des conseils.**

Seulement il se peut que l'habitude de **votre personnalité aidante devienne votre posture** lors de la thérapie. Cette facette fera de votre pratique, votre personnalité et inversement.

Pourtant vous savez très bien que **vous n'êtes pas une étiquette,** vous savez très bien que vous n'êtes pas une fonction.

Mais cette incapacité que nous avons naturellement à nous dissocier peut porter un certain nombre de préjudices.

A la fois dans votre vie personnelle, il y a certainement des moments où **vous souhaitez être vous,** et pas simplement le 'psy', le conseiller … et dans votre cabinet **votre partenaire n'attend pas un ami,** une nouvelle connaissance. Il attend une **personne compétente** qui pourra le faire avancer.

Pour résumer, la posture de praticien est **le rôle que nous allons prendre durant le laps de temps** de notre session avec le partenaire.

Ce 'jeu' commence au moment où vous rencontrez votre client et se terminera quand la porte se refermera. Entre temps **vous êtes un professionnel du mieux-être,** pas un ami, pas un membre de la famille, pas un super héros, pas un magicien …

Chapitre 2 : Qu'est ce qu'un Cadre ?

Nous avons commencé à aborder ce que représente notre posture, **notre masque de spécialiste.**

Comme nous avons pu le constater, nous devenons facilement le thérapeute dans un ensemble de situation, comme si c'était **plus fort que nous.**

De plus, l'ensemble des personnes qui nous côtoient, connaissent cette facette de nous. C'est un **appel inconscient** que nous pouvons leur faire de nous placer dans cette posture dans le quotidien.

Seulement **la thérapie ne peut avoir lieu que dans un cadre défini et reconnu par les deux parties.** Ce point est important, les deux partenaires doivent être conscients de l'échange spécifique qui est mis en place.

Le cadre représente **l'ensemble des règles et des comportements attendus** durant une séance d'hypnose ou de thérapie.

Ce cadre est limité dans le temps et répond à des critères qui peuvent être **personnels à chaque praticien.** C'est en début de séance ou pendant les premières rencontres que ces points sont abordés.

Dans le cadre de l'Hypnose Classique Curative et de l'Hypnosophie, c'est durant cette étape (très souvent lors du pretalk) que **nous validons ce que nous pouvons et allons faire avec le partenaire.**

Nous définissons clairement **nos compétences et nos limites,** nous proposons un travail qui se fera en 50-50, c'est-à-dire en mettant en avant les obligations du partenaire.

Le cadre est parfois confondu et pris comme étant le lieu ou se déroule la thérapie.

A mes yeux qu'importe où l'on fait sa thérapie qu'elle soit symptomatique ou plus profonde

Il est par contre impératif de **définir correctement quand nous commençons à nous mettre dans un échange à but thérapeutique** et non simplement d'aide.

Je ne suis pas de ceux qui prétendent que nous ne pouvons pas faire de thérapies avec nos proches et notre famille. Dans quasiment toutes les disciplines psychologiques cela reste interdit.

Il y a de nombreuses difficultés et celles de la création d'un cadre, d'une bulle nouvelle entre le praticien et le partenaire en font partie.

Chapitre 3 : La posture de Sauveur

Comme j'en faisais référence dans le premier chapitre, nous avons, pour la plupart d'entre nous, choisi ce métier pour des raisons et des facilités personnelles.

Nous avons souvent été **des psys du quotidien avec notre entourage.**

Nous en avons développé **une posture toute particulière** et un statut qui l'est également. Cela nous a apporté des stimulations positives.

Une remarque récurrente de nombreux praticiens, ce sont leurs **capacités à attirer sans cesse des personnes qui vont leur déballer leurs vies.**

Même s'ils s'en plaignent, c'est parfaitement accepté, voire subconsciemment transmis **pour trouver une place et recevoir suffisamment d'énergie positive.**

La difficulté en tant que praticien sera de rester simplement thérapeute et **surtout pas de vouloir sauver ses partenaires.**

Cette posture du sauveur est tellement intégrée au quotidien, qu'elle se met en place pour deux raisons :

- Sauver l'autre pour répondre à un schéma récurrent pour exister et recevoir un amour.

- Se sauver soi-même au travers de l'autre.

De nombreux praticiens se mettent **une pression incroyable vis-à-vis de leurs partenaires.** Ils ont l'impression qu'ils ont le devoir de faire en sorte qu'ils s'en sortent, qu'ils avancent.

C'est d'ailleurs cette raison qui les pousse, en toute bonne foi, à trouver des méthodes avec un fort taux de réussite et le plus possiblement universelles.

C'est sécurisant et leur modèle thérapeutique leur apportera facilement du succès et surtout de nombreux sauvetages.

Le rôle qu'ils se sont imposés, aura une raison de continuer à se développer au quotidien.

C'est **un placement déséquilibré,** le praticien **s'investit trop** dans son partenaire ne gardant pas la place qui lui est due.

Si le praticien **se retrouve ou se projette** (contre transfert) dans les maux ou l'histoire de vie de son partenaire, il va se mettre **en quête de sauver cette partie de lui en l'autre.**

Dans ce cas-là, il est encore dans une phase de déséquilibre et va **perdre le rapport** avec le partenaire pour **se centrer seulement sur lui et ce qu'il aurait aimé pour lui.**

Cette discipline qu'est l'hypnose nourrit beaucoup le praticien en mode sauveur et nous pouvons le remarquer lorsque dans la pratique, les suggestions, les métaphores, les images et symboles proposé**s n'ont pas été validés avec le partenaire.**

Nous nous apercevons souvent que la **sémantique est faussée.** Celle qui est utilisée, est celle qui convient aux praticiens et rarement aux partenaires.

C'est dans ce genre de situation où le thérapeute arrive à des conclusions hâtives, avec l'utilisation régulière de **projections de ses croyances,** sans jamais demander la **confirmation à son partenaire.**

Le rôle de sauveur va très souvent o**rienter le questionnement.** Il va même entraîner un certain nombre **d'évitements** qui pourraient mal orienter la séance.

Il arrive même que le sauveur veuille **rapidement soulager l'autre, comme lui même, de ses maux** et ne traiter qu'une surface, qu'un appât plutôt que le fond.

Plus rapidement, le partenaire retrouvera son sourire et moins longtemps la **'souffrance' intérieure se fera sentir.** Cette posture semble souvent lointaine de nous.

Seulement rapidement nous nous rendons compte qu'elle est un **pattern que nous utilisons** depuis des années. Le pire c'est que nous en trouvons des qualificatifs très positifs.

Certains vont parler d'**empathie, de p**osture d'accueil, d'autres **de compassion.** En somme, beaucoup d'entre nous vont **se rassurer** de la juste posture dans la pratique.

Pourtant il n'est **aucunement demandé** de souffrir avec son partenaire, voire à la place de ce dernier. Les approches qui travaillent avec les contre-transferts utilisent cette technique dans une démarche spécifique.

Pour autant, cette approche n'est pas continue et **offre une façon de recadrer certaines choses.**

Il est intéressant au quotidien que nous puissions observer nos comportements en séances, nous filmer, nous poser des questions, pour d'autres nous faire superviser.

Ces outils nous offrent une opportunité de voir comment nous nous comportons et de nous corriger.

- Est-ce que je suis touché par ce qui m'est dit ?
- Est-ce que j'ai des mouvements comme le toucher, le regard qui deviennent incontrôlables ?
- Est-ce que je me demande comment j'aurai réagi dans telle ou telle situation à la place du patient ?
- Est-ce que j'ai envie de partager mon expérience ?
- Est-ce que je veux donner un conseil ?
- Est-ce que je veux protéger, réconforter mon partenaire ?
- Est-ce que j'aimerais changer son histoire de vie ?
- Est-ce que je trouve que ce qu'il vit est injuste ?

En travaillant sur cette facette de la posture, je peux facilement dire que j'ai été souvent dans tous ces cas.

Et je peux vous assurer que beaucoup sont encore dans cette posture.

Plus particulièrement quand nous pratiquons des thérapies énergétiques et des systèmes un peu magiques (EFT, Kinésio, EMDR).

Il n'y a pas à s'en vouloir par rapport à ce type de comportement, c'est au moment où nous commençons à nous en rendre compte que nous nous apercevons que notre façon de travailler évolue.

Il y a une manière de se centrer que je propose au travers de l'Hypnosophie, la théorie des 50-50. Cela pourra vous offrir une idée à suivre.

Chapitre 4 : A la recherche de l'équilibre en 50-50

En Hypnose, dans de nombreuses situations nous pensons que, parce que nous mettons notre partenaire dans une transe, cela nous permet de l'avoir dans un état qui permettra de faire entrer les **suggestions directes et indirectes rapidement.**

C'est très souvent ce que l'on nous a enseigné, c'est ce que nous répétons et c'est souvent ce que nous sommes persuadés qu'il se passe.

Pourtant la façon dont nous allons recevoir ces mots, les questions que nous allons poser, les gestes et peut être même les micros mouvements de notre corps vont communiquer.

Il est impossible de ne pas communiquer et de ne pas donner un retour sur ce qui est exprimé.

Comme parade à ces phénomènes, de nombreuses écoles d'Hypnose ont expliqué que le Mirroring/ Synchronisation est la clef pour que notre partenaire puisse Inconsciemment reconnaître le praticien **comme une image** de lui, La croyance qui a été validée par le principe des neurones miroir me fait sourire.

On nous explique que le **subconscient remarque tout, ressent tout** et perçoit des choses que peut être nous ne comprendrons que des mois plus tard.

Mais il serait complètement **incapable de repérer** une personne qui se synchronise comme étant dans un échange non spontané et non 'vrai' ?

Cette technique reste très limitée dans le cadre de l'échange et souvent **des malaises intérieurs du praticien** le pousseront à prendre le LEAD, à la place de rester encore un certain temps dans le PACE pour peut-être apprendre des éléments importants pour la suite de la thérapie.

Au fur et à mesure de ma pratique j'ai choisi **le chemin de la simplicité** et d'une certaine authenticité. Fini les voix monocordes, les synchronisations abusives, **place à l'humain, à la prise de position plus juste.**

Pour cela, nous n'avons **pas un code défini et universel.** C'est en cela qu'il peut sembler **difficile de l'enseigner** en formation.

Chacun d'entre vous qui lisez cet essai, avez une pratique, une personnalité, une sensibilité, vous avez différentes motivations qui vous poussent à **pratiquer de différentes manières.**

En revanche, vous êtes tous capables de **vous mettre en CONTACT avec vous** et tout aussi capables de le faire avec votre partenaire.

La question est : **comment entrez-vous dans ce contact et avec quelle intensité ?**

Par nature, chacun aura trouvé **une zone de confort dans son contact à l'autre.** Celle-ci n'étant pas nécessairement, **le juste contact.**

L'**approche des 50-50** part du postulat que nous sommes dans **un contact instable comme les transes le sont.**

C'est d'ailleurs pour cette raison que les impacts des suggestions ne se font pas de la même façon selon chaque partenaire.

Quand vous entrez en contact avec la problématique de votre partenaire **comment vous situez-vous ?** Est-ce que votre souhait est de répondre simplement à cette demande sans autre recherche ? Dans ce cas vous entrez dans une **zone de confort particulièrement centré sur vous même.**

En effet, de nombreux praticiens travaillant uniquement sur **le symptomatique** vont toujours répéter le même processus.

L'exemple que nous connaissons particulièrement bien dans l'Hypnose est l'arrêt du tabac.

Des méthodes ont été mises en place avec d**es protocoles 'ARRET du TABAC'** qui sont répétés de partenaires en partenaires. A aucun moment le praticien, **ne s'intéresse vraiment à l'histoire de vie.**

La partie des **50% sur le partenaire** est totalement occultée.

Cela laisse donc **un plein centrage** sur la méthode, le process plus que sur la personne.

J'ai pris cet exemple du tabac mais nous l'avons avec les TOC, les anneaux gastriques, les phobies... Nous faisons **confiance à notre système**, à nos techniques, à nos compétences, mais nous **ne proposons ni une prise de conscience,** ni la responsabilité de notre partenaire.

Les résultats existent, ils sont indéniables. Seulement, ils offrent un **très beau transfert de 'Magicien', 'Sauveur' ou autre 'Génie'.**

De plus, comme toute généralisation thérapeutique, nous ne connaissons pas les conséquences à long terme.

Il y a de cela quelques jours à peine, au cours d'une soirée, j'ai croisé une femme qui m'a dit avoir stoppé le tabac avec l'hypnose en une séance. Elle a été très satisfaite mais cela à durer 7 ans puis **elle a recommencé**.

En lui demandant simplement ce qui a changé entre le début et la fin de son arrêt, elle m'a dit qu'elle avait rencontré quelqu'un au moment de la séance et qu'elle a repris la cigarette à la rupture.

La cigarette avait bien **une autre valeur,** que le patch n'a pas été capable de traiter. Faire 100% confiance à sa partie c'est oublier **l'importance de l'implication de l'autre.**

Pendant une séance sur un viol ou un inceste, vous sentez les émotions qui remontent de plus en plus.

Pendant une régression à la cause, le partenaire revit cette scène traumatisante, au bord d'une **abréaction violente.**

Quand je parle d'abréaction violente, je parle à la fois de psychiquement et de physiquement. Le partenaire arrêtant de respirer, des larmes que rien n'arrête, aucune suggestion n'est perçue, dans ce cas **elle est en TRANSE FERMÉE.**

Plus les minutes passent et plus la personne se violente et commence à taper partout...

Comment réagissez-vous ? Comment vivez-vous ces différentes étapes ?

Est-ce que à un moment ou un autre vous souhaitez atténuer sa peur, sa douleur, ses angoisses ?

Est-ce que vous souhaitez que cette explosion cesse, quitte à interrompre votre séance et la faire émerger ?

A ces moments-là, **nos instincts de protection,** notre envie que les choses se passent en douceur, nos croyances concernant à la souffrance apparaissent.

Nous nous perdons dans l'autre, nous partons dans une incapacité à rester professionnel et en un instant nous pouvons faire éclater notre posture et/ou notre cadre.

Vous pouvez observer deux comportements déséquilibrés. **Nous sommes instables, il est rare de rester constant.**

C'est à nous de **RÉGULER constamment notre posture,** de trouver cette façon d'être en portant notre ATTENTION, **50% sur nous et 50% sur le partenaire.**

Voici quelques points à garder en tête :

Les 50% sur soi :

-Calibrez vos émotions

- Chaque excès émotionnel : colère, peur, tristesse... doivent être cadrés pour être traités plus tard en Auto-Hypnose ou avec son thérapeute.

- Gardez une observation de vos attitudes corporelles : mouvements, expressions faciales, souffles, regards

- Entrez dans une transe d'attention, en écoute interne et aux intuitions

- Gardez-vous des conclusions rapides ou hâtives

- Gardez-vous de couper la parole

- Soyez en écoute plus qu'en interventionnisme, sauf si vous axez votre séance sur du provocatif

- Abstenez-vous des conseils

- Gardez votre cadre en tête du début à la fin

- Ne vous perdez pas dans vos pensées

- Ne vous perdez pas dans une série de techniques

Les 50% sur le partenaire :

- Observez son langage corporel

- Observez les évitements
- Observez les balades
- Accompagnez-le sans cesse
- Recadrez les émotions excessives
- Accompagnez les prises de conscience
- Accompagnez les abréactions jusqu'à la fin

Il est important de pleinement prendre 'conscience' de tous ses aspects et, dès que l'une des alarmes s'allume, **se recentrer sur soi et sur l'autre.**

Pour ce faire, parfois une **simple reformulation, une question générale, même de l'humour** peut interrompre le pattern dissonant qui est en train de se mettre en place à la fois chez le praticien et chez le partenaire.

Chapitre 5 : Accueil Inconditionnel

Pour permettre un rapport plus juste avec notre partenaire et réussir à garder notre posture des 50-50, il y a une posture que de nombreux professionnels mettent en valeur : **l'accueil inconditionnel.**
C'est merveilleux comme concept, cela semble quasi naturel. Seulement cette façon d'être et de faire **reste assez complexe** à mettre en place.

Qu'est-ce que l'accueil ?

C'est la capacité à pouvoir **entendre, comprendre et accepter ce** que notre partenaire va exprimer durant sa séance. Nous ne nous mettons **pas en posture de sauveur** comme nous l'avons vu précédemment, nous ne sommes pas non plus des coachs.
Nous devons pouvoir être suffisamment en 'équilibre', être à la fois empathique et capable de garder suffisamment de distance pour permettre **une pleine et libre expression** de notre partenaire.
L'accueil se fait dans **un non jugement et une acceptation** des choses même si cela peut nous sembler injuste, mauvais, intolérable.

Qu'est-ce que la notion d'inconditionnel ?

Cette partie de l'accueil est peut-être ce qu'il y a de plus délicat. En général quand on enseigne une posture d'accueil, tout le monde **est serein quand à sa capacité à la prendre.**
Je pense effectivement que tous ceux qui sont un peu concerné par ce qu'un partenaire exprime sont dans un accueil.
Parfois, avouons-le, si nous sommes dans un cadre amical, rapidement nous accueillons l'information mais encore plus rapidement **nous émettons notre opinion.**

L'opinion dans le cadre thérapeutique est **à limiter**, afin de laisser une **justesse d'écoute** à notre partenaire. Quand je parle d'inconditionnel, c'est vraiment avec la force de ce mot.

L'exemple que je prends, parce qu'il m'est arrivé, c'est de recevoir un homme qui, au travers de sa problématique, m'explique qu'il a fait des attouchements à des enfants.

Prenez un instant et projetez-vous dans cette situation. Que ressentez-vous ? Pouvez-vous décrire des émotions qui remontent ou des images qui surgissent ?

Imaginez donc qu'à cet instant avec toutes nos croyances, nos valeurs, nos normes, ces quelques mots et descriptions, peuvent facilement nous faire **basculer hors de notre zone de 50-50.**

C'est à ce moment-là qu'être **sans condition,** est important. Alors oui **vous avez le droit de ne pas continuer la thérapie** avec ce partenaire, il y a avant tout **le respect de votre personne qui compte.**

Être inconditionnel dans son accueil c'est clairement, écouter avec **une véritable envie de comprendre,** de soutenir le partenaire dans sa démarche.

Jusqu'à quel stade êtes-vous prêt à accueillir ? Est-ce qu'il y a certains cas, certaines personnalités que vous ne souhaiteriez pas avoir en cabinet ?

Des personnes fascistes, des personnes perverses ? Des personnes manipulatrices, alcooliques, droguées ? Jusqu'à quel point souhaitez-vous travailler avec ?

Soyez sincère avec vous, nos histoires de praticiens blessés peuvent **facilement faire échos à certaines problématiques.**

Alors comment réagiriez-vous dans le cas où vous reconnaissez en votre partenaire, **l'essence de votre bourreau ?**

Dans l'accueil inconditionnel, **la première personne à accueillir sans aucune limite c'est nous-mêmes.** Nous et nos forces en tant que praticiens, et également nous et nos faiblesses en tant qu'être humain.

J'ai, comme de nombreux praticiens, pensé que je pouvais **gérer tout le monde**, toutes les problématiques. Cette croyance me venant du monde de l'énergétique qui nous fait prendre la **posture de canal.**

Seulement avec le recul, et même sans les mots, je sais que mon corps et mes intentions n'étaient pas toujours hyper positifs, en fonction des personnes et des façons d'être de ces dernières.

Je sais que **nous aimerions tous être dans un amour universel et absolu,** une quête merveilleuse où tout n'est qu'amour et compréhension, mais si nous sommes un peu sincères, si nous **enlevons le doux voile de l'égo, qui nous fait croire que nous avons dépassé cela,** que retrouvons-nous ?

Nous-mêmes, avec nos **peurs, nos croyances, nos 'vérités', nos névroses.** Nous sommes des praticiens, nous arrivons à avoir une expertise technique mais **nous restons des hommes et des femmes.**

Après ces quelques mots, je pense que l'accueil inconditionnel est un objectif, **un idéal vers lequel nous devons tendre.**

Et pour y parvenir, une des premières choses à faire c'est de **limiter notre illusion de nous-mêmes.**

Techniquement parlant voici quelques points qui peuvent vous aider dans cette démarche.

- Gardez la curiosité d'un enfant
- Cherchez à comprendre les motivations derrière les comportements
- Oubliez notre propre carte du monde pour nous ouvrir à celle de l'autre
- Gardez votre 50-50
- Posez des questions pour obtenir plus de détails

A mes yeux, l'absolu de l'accueil est de permettre à son partenaire de **se sentir tellement accepté et compri**s que pour la première fois ce qu'il aura pu répéter, exprimer, peut être des milliers de fois dans sa tête, avec des amis ou des thérapeutes, **ne soient pas de simples mots.**

Que pour la première fois, **l'écoute soit tellement juste** que vous devenez réellement **une partie de lui-même** et qu'il ne parle pas simplement mais **entende avec conscience.**

Comme **une première écoute qu'il s'octroie**, comme un premier instant de véritable écoute au travers de vous praticien, qui ne sera que l'écoute de lui-même.

En permettant à un partenaire de s'accueillir, et d'accepter que ses mots et ses émotions ont une valeur, vous lui permettez de **se découvrir et s'entendre** comme il a tant projeté inconsciemment le souhait d'être ainsi entendu.

Il répond à sa projection au travers de vous qui êtes le réceptacle de cette attente.

Chapitre 6 : Le questionnement pour s'ajuster

Comment pouvons-nous durant ce rapport que nous construisons avec le partenaire, réussir à garder notre posture et notre cadre.

Nous pouvons toujours nous dire qu'une fois que c'est présenté dans le prétalk, **il n'y a plus besoin de revenir dessus.** Les choses ne sont malheureusement pas toujours aussi simples.

En fonction du partenaire que vous allez avoir en face de vous, il va y avoir des moments où il pourra **souhaiter reprendre le lead pour faire un évitement** par exemple, pour reprendre le contrôle et autres.

Certains sont mêmes dans **un jeu de pouvoir** avec le praticien.

Nous pouvons **facilement sortir de notre posture** pour répondre à des stimulus et réactiver des ancrages que nous avions enfants.

Nous réveillons l'enfant laissant l'adulte professionnel se perdre.

La méthode qui offre **le plus grand levier** dans l'hypnosophie et dans les thérapies brèves de façon générale est **la question.**

Le questionnement permet de nombreuses choses durant notre séance.

-Recadrer notre partenaire

- Proposer une focalisation interne

- Entraîner à la prise de conscience de notre partenaire

- Saturer

- Interrompre un pattern

- Nous ajuster dans notre posture

- Prendre un moment pour récupérer notre 50-50

- Interrompre un excès émotionnel.

La question permet de mener une séance **au travers des différentes transes** que nous allons proposer à notre partenaire.

Comme je vous le proposais dans le chapitre précédent, nous devons tendre vers un accueil inconditionnel, mais il peut nous arriver plusieurs fois dans la séance de **nous perdre dans un déséquilibre des 50-50.**

Reprenons l'exemple du pédophile, j'aurais très bien pu me perdre dans une émotion qui, pendant une séance, n'a pas lieu de me submerger. Je devais **rester sur mon partenaire qui me parlait d'une chose qui le dévorait depuis des années.**

La question sur son état émotionnel intérieur vis-à-vis de cela, ses questionnements, son histoire ont rapidement permis de **repartir sur ce qui est notre travail,** permettre de soutenir et d'ouvrir des portes à notre partenaire.

La question n'a pas de limite, la question peut ne pas avoir de cadre. Beaucoup de mes apprenants me disent qu'ils ne savent pas où s'arrêter.

C'est vrai que nous pouvons passer nos séances à questionner et **cela représente une vraie séance d'hypnose** si nous comprenons le cadre et le système technique que nous mettons en place.

En Hypnosophie, il y a seulement trois façons d'induire une transe :

- **Focalisation interne :** cela entraîne un contournement du facteur critique. Nous le faisons facilement quand nous questionnons sur le passé et encore plus sur les émotions de cette période.

- **Confusion et saturation :** Cela offre un 'overload' du facteur critique qui dès lors ouvre quelques portes entre le conscient et le subconscient.

- **Rupture de pattern :** L'interruption d'un schéma automatisé. La question est l'outil clef pour interrompre des schémas internes répétitifs.

La question pourra à n'importe quel moment **remettre la posture du praticien, si elle est correctement utilisée,** dans un objectif que nous formalisons en interne en fonction des réponses du partenaire.

Cette **porte de secours,** de par le cadre thérapeutique dans lequel le partenaire a accepté dès le départ les règles, offre des possibilités extraordinaires pour ne pas se perdre.

A l'inverse, ne devenez pas **esclave de la recherche de la question.**

J'ai vu beaucoup d'apprenants chercher tellement la question juste qu'ils se saturent eux-mêmes, construisent un silence trop long et perdent le lien avec le partenaire.

La question est une danse, c'est dans ces moments que nous pouvons mener la séance, suivre les réponses, offrir un temps de pause ou reprendre un rythme plus rapide.

Vous pouvez facilement l'utiliser également pour vous, **en phase dissociative dans votre séance**.

Vous devez être capable de **vous poser des questions** afin de facilement vous recadrer si vous sentez que vous entrez dans une attitude de sauveur, un contre transfert...

C'est **l'intérêt durant le 'pace'** de pouvoir faire un double check de ce que vous et votre partenaire exprimez à ce moment-là.

Vous remarquerez que, parfois dans votre questionnement intérieur, vous allez trouver des questions que vous pouvez proposer à l'autre.

C'est une façon d'**utiliser une partie du contre transfert** que vous êtes en train de vivre. Vous vous recentrez et vous proposez une question que vous vous posez sur la situation avec la mise en situation de votre partenaire.

Si nous partons du principe, que durant la séance vous êtes **aussi dans une transe** et que vous avez un lien entre vous et votre partenaire, vos questionnements intérieurs deviennent une ouverture pour continuer la démarche de questionnement.

En revanche, prenez attention de ne **pas attendre des réponses à votre propre projection,** mais réellement à observer si cela éveille votre partenaire ou l'entraîne à approfondir sa transe.

Notre rôle de praticien est de **suffisamment nous connaître**, et connaître nos fuites et faiblesses pour éviter de nous perdre dans la projection de notre partenaire.

Chapitre 7 : Les Evitements

Les évitements sont des processus que nous mettons subconsciemment en place **pour éviter de nous retrouver dans le coeur d'une problématique.** De façon générale les évitements sont des résistances aux changements.

Cette résistance est normale et nous la retrouvons dans presque toutes les séances. Nous ne connaissons pas notre partenaire et nous devons **apprendre à enquêter**, à découvrir qui il est et comment il fonctionne.

Dans cette découverte, il arrive très souvent que nous nous perdions dans ce que je nomme **des 'balades'.** Cet outil est utilisé par de nombreux partenaires et plus particulièrement les personnes qui ont **déjà eu** une démarche thérapeutique.

En effet, vous remarquerez que très souvent ces derniers vont vous ressortir **les discours qu'ils ont déjà mis en place**, avec plus ou moins de succès, dans leurs différentes rencontres avec des praticiens.

Vous aurez même **des notions de substitutions** de ce qu'ils expriment, c'est-à-dire qu'ils prendront en référence leurs précédents professionnels de la psyché comme ayant déjà **donné des réponses ou des solutions.**

Dans votre posture, souvenez-vous, **vous êtes chez vous, dans votre cabinet,** avec toutes les compétences que vous avez cumulées, **vous n'êtes pas un second couteau.** Rappelez-vous aussi que si son ancien thérapeute avait tellement raison, il ne serait pas entre vos murs à ce moment-là.

Certains partenaires chercheront **à vous faire douter,** à vous remettre en question, pour casser cet équilibre et ainsi esquiver le traitement de sa problématique. C'est une autre façon de balader, et d'éviter.

Le principe de la balade est de **vous submerger d'informations,** et rarement celles qui répondent à vos questions, c'est fait de façon à ce que vous ne puissiez plus penser à ce que vous cherchez.

Dans les 50-50, cela vous fait décrocher de lui, alors que d'apparence vous vous focaliser sur lui.

C'est une saturation qui vous fait **entrer dans une transe qui parfois vous fera perdre le fil** et permettra au client d'aller **là où il souhaite** et surtout pas là où **vous aviez décidé de l'orienter.**

Il y a de nombreux réflexes physiologiques qui montrent que votre partenaire vous balade. En effet nous pouvons dire qu'il va se développer dans **une zone de confiance.** En général, vous aurez l'impression que la personne se pose, elle croise ses jambes, se met dans une posture de détente et s'offre un plaisir à respirer lentement, à ne s'impliquer en rien émotionnellement.

Cette attitude lui offre **un ascendant quant à la séance** et lui permet de ne pas entrer dans des zones obscures. C'est d'ailleurs une chose que je souhaite souligner.

Très souvent nous entendons que nous devons absolument éviter que notre partenaire entre dans **une dynamique qui pourrait le mettre à mal.**

Nous souhaitons **très souvent dissocier** le partenaire de ses émotions, pour éviter qu'il n'y ait de réactivation de l'ancrage de souffrance ou de malaise.

Pour moi, il est quasiment indispensable que **les clients aillent se reconnecter à ces moments difficiles et même, j'irai plus loin, à les revivre.**

Nous avons acquis ce conditionnement **au travers de la souffrance** et durant des années nous avons voulu le traiter dans la douceur, seulement si cela avait fonctionné nous ne nous retrouverions pas en cabinet.

Durant les balades, plus votre partenaire **s'éloigne du problème,** plus il est détendu. Vous allez vous rendre compte, en coupant la balade et en réorientant vos questions, que votre partenaire sera davantage en focus interne, **le flot de paroles sera beaucoup moins important.**

L'étape d'après qui vous montrera que vous approchez d'un point intéressant, c'est le mouvement, les émotions du corps. La façon dont la personne va remuer, ses yeux...

Vous restez toujours 50% sur lui donc **posez des questions,** c'est là où la ratification a de l'utilité, bien plus que les moments en induction où nous faisons remarquer qu'une main bouge ou autre. Vous pourrez lui demander des précisions sur ces images, émotions, sensations que lui procure la question. Les évitements vont alors commencer. De la balade vous observerez que très rapidement cela vous **entraînera dans un évitement.**

L'évitement, je le nomme aussi fuite. C'est par exemple une question bien précise que vous répétez plusieurs fois, dont la personne n'arrive pas à comprendre le sens, ou dont la réponse n'est pas du tout adaptée. Plus vous y revenez, plus **vous allez y voir des émotions**, de la colère par exemple en vous expliquant que ce n'est pas le sujet ou de la tristesse, des flots de larmes comme pour éviter de continuer.

Nous devons être attentifs et **ne pas nous laisser 'berner'.** Ou pour être plus juste, faire en sorte que notre partenaire ne se mente pas, et lui proposer de voir et découvrir ce qu'il cherche à ne pas voir.

Souvenez-vous, vous n'avez pas **un devoir de résultat**, donc vous ne devez pas développer d'émotions excessives si vous observez ces évitements.

Il peut y avoir facilement comme **un énervement,** de voir à quel point votre client peut chercher un nombre important de moyens pour ne pas 'régler' ses problèmes. C'est le principe des **bénéfices secondaires**.

Souvenez-vous que vous ne pouvez l'amener que là **où il est prêt à se rendre.** Même si vous avez l'impression que vous pourriez aller bien plus loin. C'est à lui de suivre son rythme.

Chapitre 8 : Ne présupposez pas sur votre partenaire

Je vais reprendre un accord Toltèque, **ne présuppose jamais.** C'est un point essentiel dans notre posture.

Notre discipline est pleine de croyances et nos formations insistent assez souvent sur la calibration. Nous prenons en compte différents éléments **en les 'traduisant'.**

Nous prenons connaissance des différents VAKOG pour adapter au mieux notre discours et définir potentiellement qui est la personne en face de nous.

Nous avons même l'habitude de garder en tête qui il est en fonction de ses canaux de communication. Pire encore, quand nous étudions d'excellents systèmes, comme peuvent l'être les énnéagrammes, nous avons **par nature la facilité de mettre notre partenaire dans des cases.**

La plupart des systèmes techniques de Psychologie entraînent **à nous formater dans une prise de conclusion** concernant les différentes interactions avec nos clients.

Vous avez sûrement, à de nombreuses reprises, reçu des partenaires qui avaient fait diverses thérapies.

Vous êtes-vous aperçu qu'ils avaient tendance **à se définir comme une pathologie,** particulièrement si ces derniers sont allés voir un psychologue qui, du fait de sa formation, nomme les pathos de ses patients.

Autant le partenaire peut prendre ces informations **comme rassurantes,** autant certains peuvent s'enfermer dans une case dont il sera difficile de les sortir si une autorité les a validées.

Notre rôle de praticien est de rester **centré sur la personne** qui est 'ici et maintenant' avec nous dans le cabinet.

Nous devons prendre connaissance des passifs et des conclusions des autres intervenants, mais **il est important que nous ne concluions pas.**

Si vous vous faites parasiter par ce que les autres spécialistes ont déduit, nommé, orienté, votre ouverture aux possibles va se réduire. **Vous allez être de moins en moins centrés sur l'être mais davantage sur le mal.**

Autant notre objectif sera de **bousculer le mal**, mais tout en restant dans une ouverture et une attention toute particulière pour celui ou celle qui se tient en face de nous.

Plus nous étudions et, je suis le premier à avoir utilisé à l'excès ses notions, plus nous faisons rapidement de **la lecture de pensées.**

La lecture de pensée est une démarche qui consiste **à présupposer ce que pense 'réellement'** notre partenaire.

Je l'ai particulièrement mis en place quand j'étais dans ma certification de Ekman. Vous savez le système qui est utilisé dans la série 'Lie To Me'.

Les micro-expressions devenant dès lors une clef quasi obsédante.

Je m'interrogeais sans cesse sur ce que le corps et les expressions pouvaient me cacher, ou plutôt cacher à mon partenaire.

Entre cet outil et le body language nous pourrions **croire, à tort, que l'autre n'a pas besoin de communiquer.**

D'ailleurs nous rentrons dès lors dans la croyance commune que le **praticien sait tout** et qu'il n'est donc pas nécessaire de communiquer.

Cette idée peut être vraiment problématique, notamment lorsque les personnes **jouent en double messages.** Ils expriment par les mots des éléments et laissent leur corps parler différemment. Comme s'ils attendaient que **nous puissions définir le vrai du faux.**

C'est souvent un jeu dans lequel nous pouvons rentrer.

Nous déduisons, nous présupposons que telle ou telle chose est exprimée. Nous pouvons même mener une séance sur ces croyances 'inconscientes'.

Dans ces cas-là nous sommes centrés sur nous et pas réellement sur notre partenaire. **Ce sont nos déductions qui deviennent moteur de la démarche thérapeutique.**

Certains me diront à raison que le conscient ne sait pas nécessairement les choses. C'est pour cela qu'ils viennent voir un spécialiste du subconscient. Il y a comme **une attente de traduire les mouvements et les inconnus de l'âme.**

Pour autant, actuellement j'ai la croyance qu'il est nécessaire **de 'confronter' cette observation** ou ces conclusions afin, peut-être, de faire prendre conscience à notre partenaire.

Quand je travaillais beaucoup au travers de l'énergétique, j'utilisais énormément l'intuition et le dialogue interne pour soutenir mes partenaires.

J'ai la chance de pouvoir me mettre dans des transes qui me permettent de **'ressentir, voir et percevoir'** certaines choses.

Si nous restons très terre à terre, mon subconscient, peut facilement voir différents éléments qui me permettent de conclure des événements de la vie de l'autre.

C'est d'ailleurs ce que nous faisons assez souvent lorsque nous travaillons en testing musculaire en kinésiologie.

Cette façon de travailler **offre un transfert extraordinaire** pour notre partenaire qui va très vite nous définir comme **magicien**, et va devenir de plus en plus **passif** dans sa dynamique de mieux être.

Je le constatais en énergétique et au départ dans mes utilisations de la PNL. En quelques minutes certains pathos se trouvaient **apaisés** sans le moindre mot, sans le moindre échange.

Je n'avais fait que **supposer ou plutôt projeter** ce que je pensais être la vérité, soit au travers de certains **mouvements,** soit au travers de certains **ressentis...**

On peut me dire, ça n'a pas d'importance, le partenaire est mieux, il avancera dans sa vie plus tranquillement et ce qui compte c'est le résultat.

Je peux dire que j'ai été complètement d'accord avec cette démarche pendant des années. Je peux même confirmer que cela était **satisfaisant** pour moi et mes clients.

Cependant, aujourd'hui dans la démarche que je mets en place, je remets en question cette façon de faire.

Je m'interroge beaucoup sur les pratiques que nous mettons en place que nous nommons **les thérapies ' basées solutions'.**

En écrivant ces mots, j'ai l'impression d'être un vendeur, un coach d'entreprise. Nos partenaires viennent pour aller mieux, ils font une démarche de développement d'eux-mêmes.

Ils choisissent nos méthodes parce qu'elles sont **reconnues** comme efficaces, et également parce que le système allopathique actuel, très souvent, ne leur a pas fourni des réponses qui leurs conviennent.

Le médicament n'étant que la réponse à **un symptôme** qui, pour beaucoup, n'offre qu'une réponse transitoire, puis il faut retourner en prendre un autre ou **augmenter les doses.**

Dans l'Hypnososphie c'est une chose que j'explique très souvent. Nous mettons en avant nos disciplines complémentaires comme étant **différentes** dans la démarche.

Cependant, nous **vendons** trop souvent l'image que rapidement en **une ou deux séances**, les maux vont disparaître. Comme si du médicament allopathique, nous étions passés à **des médicaments subconscients.**

Pourtant cette démarche est **similaire à celle du médecin,** nous offrons un patch sans chercher plus loin que le symptôme.

C'est pour cette raison que maintenant, la notion qui est tellement mise en avant dans nos disciplines **me convainc de moins en moins.** En tout cas, dans ma démarche actuelle, je **ne vends pas des solutions** comme si j'étais consultant en entreprise.

Je propose une démarche qui doit **offrir une forme de libération** et de liberté de l'être. En évitant complètement la **dépendance** à un système ou à un thérapeute.

Dans notre démarche de lecture de pensées, de lecture du comportement et dans la mise en avant de ce retour d'informations à notre partenaire, **nous lui enlevons**, sans nous en rendre compte, une partie de la démarche.

Souvenez-vous, pour moi, il est important que nous fassions 50% du boulot et que notre partenaire s'investisse vers les 50 autres pour cent.

J'ai eu récemment une discussion à ce sujet. Un de mes apprenants me faisait la remarque que l**a démarche en cabinet et le paiement de la séance était preuve de motivation** et de l'envie de changer. Dans sa pratique, il estimait que cette simple démarche correspond au 50% du partenaire. De mon point de vue **ce n'est pas le cas.**

En effet, la seule démarche que je valide comme faisant parti des 50% du partenaire est **l'investissement en séance**, dans ses réponses, dans ses feed backs, dans sa façon d'accepter les suggestions.

Si je ratifie ce que j'ai calibré dans son comportement verbal ou péri verbale, je me place assez facilement dans une notion de **juge t out puissant** ou de maître absolu.

Je deviens comme ces **différents praticiens,** ceux qui ont pu le mettre dans une case, qui ont pu lui donner des vérités, et celles que nous allons proposer dans la calibration, peuvent, en plus, sembler **magiques.**

Quoi que nous sachions, quoi que nous lisions en l'autre, il nous est impératif **d'en faire part, et de poser des questions.**

Quand je vous expliquais que les questions nous permettent de **recadrer,** elles nous permettent aussi de valider et d'invalider ce que nous avons perçu, ou plutôt que nous sommes **persuadés d'avoir compris.**

Il est possible que nous partions dans un ensemble de déductions et de conclusions, qui risquent de nous faire développer des suggestions ou une orientation de session **erronée.**

Il ne faut pas oublier une chose simple, un présupposé de la PNL que j'aime particulièrement, **la carte n 'est pas le territoire.**

Il me semble important de garder en tête que ce que nous percevons, ne représente pas ce qui est. Nous vivons avec des **filtres** divers, liés à notre éducation, notre contexte social, notre personnalité.

Nous ne voyons que ce que nous sommes **capables** de voir ou d'accepter, donc par extension, nous ne pouvons pas voir ce qui ne rentre pas dans nos croyances, nos valeurs.

Quand un partenaire va nous exposer ses pensées, ses réflexions, son vécu. Nous le comprenons en fonction **de notre monde et de notre histoire.**

Il est toujours utile de pouvoir faire définir les mots et les expressions. Ce qui est d'autant plus important sur des mots et des idées que nous sommes **persuadés de comprendre.**

En effet, nous allons y **projeter** certaines émotions ou compréhensions qui peuvent être très éloignées de ce que notre partenaire tente de mettre en avant.

Si cela vous semble logique avec la définition des mots, vous pouvez vous rendre compte à quel point pour les mouvements corporels, les lectures que nous proposons, il peut y avoir une **marge d'erreur.**

Je sais que nous sommes très souvent **connectés** dans un rapport plus profond au niveau de la transe que nous proposons à notre partenaire et dans celle dans laquelle nous nous enveloppons.

Très souvent nous pouvons même nous rendre compte que nous savons ce que l'autre vit, pense, ressent. C'est une forme d'**inter-transe** qui est forte. C'est un peu comme si la connexion était directe et qu'il n'y avait besoin de rien d'autre.

Pour avoir eu la chance d'en vivre un certain nombre, il est certain qu'il est parfois délicat de sortir de cette transe que nous vivons tellement **'parfaitement'** avec notre partenaire.

Cependant, sans que ce soit une nécessité, il est toujours intéressant de bien valider.

La validation, le questionnement, restez complètement ouvert à l'autre dans une attention juste, voilà quelques clefs pour éviter de présupposer.

Il est intéressant de nous **poser la question**, même dans notre quotidien, du nombre de fois que nous présupposons. Nous 'devinons' ce qu'un ami pense, ce qu'un membre de notre famille ressent. Nous passons notre temps à conclure des choses sur les autres sans poser la moindre question.

Ne vous est-il jamais arrivé de vous dire que vous n'allez pas appeler un ami pour faire telle ou telle chose simplement parce que ce n'est pas son **'style'** ?

Comment peut-on savoir dans quelle humeur sera l'ami, comment peut-on savoir l'envie du moment ? Nous **concluons** sur un passif et nous n'allons même pas au bout de la démarche, ou pire, nous demandons en incluant déjà **la réponse attendue.**

Par exemple : 'j'ai une chose à te demander, mais je connais déjà ta réponse...'

Imaginez donc que dans la vie privée, nous sommes déjà beaucoup conditionnés de cette façon, avec des personnes que nous connaissons depuis des années. Qu'est-ce qui fait que nous ne ferons pas **la même chose** avec un partenaire ?

Nous venons de le rencontrer, que nous le voulions ou non, notre subconscient s'est déjà offert la possibilité d'avoir une opinion.

De sa façon, de se tenir, de parler, de se vêtir… nous avons un outil d'analyse personnel qui construit déjà des tendances de personnalités.

En plus, grâce aux systèmes techniques que nous avons appris, il se peut que nous prenions attention, à sa sémantique pour les VAKOG ou seulement à sa problématique, ce qui active notre **base de données** du nombre de partenaires que nous avons rencontrés avec le même problème.

Nous sommes déjà remplis de présupposés, deux minutes avant le début même de la session. Alors à votre avis quelle sera la clef pour nous sortir de tous ces schémas ?

La question effectivement. La question est un outil qui va désamorcer ce que nous pensions de l'autre, la question va **nous réorienter et nous ouvrir à l'autre et… à l'accueil** de l'autre avec un minimum de projections.

Gardez en tête que toutes nos techniques **complètent** ce que l'autre va exprimer, la question va nous permettre de demander des détails, d'ouvrir la conscience dans une direction et même d'entraîner dans une dynamique subconsciente.

Notre partenaire est une mine d'informations. Tout ce qui pourra nous être proposé nous guidera.

Si son body language exprime une chose antagoniste, ne le gardez pas pour vous. Sans le juger, **offrez-lui la possibilité de s'en rendre compte.**

Parfois ces prises de consciences minimes vont ouvrir votre partenaire à **lâcher** des éléments de sa vie qu'il n'avait plus écoutés depuis un très long moment.

Chapitre 9 : Posture de l'Analyse Transactionnelle

Depuis quelques temps, je travaille beaucoup sur les concepts de **Eric Berne**. Il a fondé une psychothérapie qui est nommée **Analyse Transactionnelle**.

Cette méthode est connue dans le monde et elle est parfois un peu mise de côté parce que beaucoup l'estiment **trop simpliste.** Le génie de Berne a été d'expliquer son système pour qu'un enfant puisse le comprendre.

Je ne suis pas un praticien d'AT, donc ce que je mettrai en avant dans mes ouvrages et vidéos en parlant de cette méthode, n'est que **le filtre de ce que je comprends avec ma perception de praticien en hypnose.**

Comme vous devez le savoir, avec les différents ouvrages que je partage, **j'aime prendre ce qui me parle dans un système,** mettant de côté ce qui ne me correspond pas, ou simplement dont je ne suis peut-être pas encore capable de comprendre les autres facettes.

Ce postulat posé, je pense que de nombreux concepts de l'AT devraient s'inclure dans notre pratique de l'Hypnose et des thérapies brèves.

Reprenons quelques points intéressants. Berne définit les états du moi. C'est-à-dire qu'il a une définition différente de la psyché que peut l'avoir Freud, par exemple, avec son Moi ça Surmoi.

Pour Berne nous sommes constitués de trois facettes :

- **Enfant :** qui se divise en enfant adapté et enfant libre
- **Parent** : qui se divise en parent normatif ou bienveillant
- **Adulte**

Nous passons notre vie à passer de l'un à l'autre. L'Adulte étant **l'état le plus centré et celui que nous avons le plus de mal à mettre en avant.**

L'enfant représente ce que nous étions durant notre enfance.

Notre façon de réagir au mieux pour recevoir des interactions physio-émotionnelles qui se nomment des **strokes.**

Le Parent est la représentation que nous nous sommes faite de nos parents et donc la façon dont nous gardons cette projection en nous.

En fonction de notre quotidien nous passons **d'un état à un autre mais comme en énnéagramme,** il y a toujours l'état que nous exploitons le plus.

Pour simplifier le plus possible, parce que je vous invite à lire directement des livres d'AT.

- L'enfant adapté se décompose en 3 :

1/Enfant Adapté : qui cherche toujours à être dans les règles, à répondre au mieux aux cadres et à ce qu'on lui propose. Il va plutôt éviter les vagues afin de recevoir des strokes positifs du système qui l'entoure.

2/Enfant Rebelle : Il va à l'inverse aller à l'encontre du cadre mais paradoxalement il va accepter cette idée que le cadre existe. Il va simplement passer son temps en désaccord, en opposition.

3/Enfant Libre : Il est l'enfant qui fait ce qu'il veut et ne se soucie guère des cadres et des règles, il n'est pas contre, il n'a juste pas conscience ou envie de suivre celles des autres.

- Le parent se décompose en 2 :

1/ Le Parent Bienveillant : Le parent bienveillant est souvent plutôt maternant. Plus dans la douceur et l'orientation plutôt enrobé. Il y a une forme de souplesse dans cette facette, mais attention, l'idée est quand même d'entraîner dans le sens qui est décidé.

2/Parent Normatif : A l'inverse, c'est une partie plus rigide, plus directe et dirigiste. En général l'image est plus paternaliste.

Adulte : C'est la personne qui analyse objectivement son environnement qui pèse le bien et le mal, qui en somme choisit réellement.

Berne aime comparer cette notion à **un ordinateur.**

J'ai pu définir une notion qui se vérifie depuis quelques mois en cabinet. Nous allons naturellement dans **des états du moi qui nous permettent de ne pas dépenser trop d'énergie.**

Souvenez-vous, le subconscient inclut **une notion 'économie' d'énergie.** Cette fonction représente un peu ce qui manque dans les batteries de téléphone actuellement.

Nous minimisons l'utilisation d'énergie afin de nous concentrer sur autre chose.

Quand nous avons utilisé un programme, il est **plus simple de le garder que de le changer,** sachant que le changement entraînera, une nouvelle intégration de données donc une utilisation d'énergie.

Si par exemple nous avons l'habitude d'utiliser notre enfant 80% du temps, il y a de fortes chances que nous parvenions à inviter notre partenaire à **entrer dans la posture,** soit enfant pour 'jouer' avec lui, soit en parent, afin d'être dirigé et lui faire prendre des décisions.

Actuellement je définis les différents états du moi de la façon suivante.

1 - L'enfant : Il est dans un programme à une seule réponse, il est dans la notion Injonctive, c'est-à-dire qu'il répond simplement à un stimulus. **Un enfant n'a aucun choix,** il **subit** complètement le parent, le professeur, il fait simplement ce qui lui est imposé.

Il développe au fur et à mesure des alternatives mais il reste difficile, même avec **une illusion** d'un programme binaire, de faire varier la réponse.

Il suffit de voir comme il peut rester complètement dans son OUI ou son NON, mais il n'y a quasiment aucun moyen pour lui de prendre une variation. Son programme ne se bloque que sur un élément.

Pour aller plus loin, quand nous devenons complètement **rigides** dans notre démarche ou notre fonctionnement, il y a de fortes chances que **nous prenion s un état enfant.**

2 - Le Parent : toujours de façon imagée, le parent est plutôt basé sur une **notion binaire,** il est dans une alternative relative.

Il est dans la proposition, mais pas encore dans le choix.

Observez les parents avec un enfant, **il n'y a que rarement un choix.**

-Finis ton assiette ou tu n'auras pas de dessert

- Non

- Si tu ne termines pas tu vas dans ta chambre !

- Non j'ai plus faim !!

Dans cet exemple, nous avons toujours **cette notion en 0/1.** Le parent donne rarement une opportunité de choix et conforte l'enfant dans **une idée unique** et propose une idée contraignante.

Il est plus rare d'entendre dans la bouche d'un parent :

Finis ton plat, va dans ta chambre ou tu mangeras quand tu auras un peu plus faim.

3 - L'Adulte : Il offre de par cette idée un peu 'ordinateur' une capacité de choisir, de prendre **des décisions qui permettront de faire avancer.**

Dans le modèle que je suis en train de tester, en partant des concepts de départ des états du moi, je prends attention à savoir dans quelle posture le partenaire va se trouver.

Dans cette démarche ma posture va devoir être observée comme celle de mon partenaire.

Parce que, comme l'explique Berne, **nous jouons des jeux.**

Je vous laisse les découvrir dans les différentes interactions, transactions, que nous mettons en place avec nos interlocuteurs.

Il y a une chose que je garde dans le sujet qui nous concerne, c'est-à-dire **la posture du praticien,** c'est l'instabilité potentielle de notre état.

Nous pouvons entrer dans **un dialogue initial d'Adulte à Adulte** et puis, petit à petit, sans que nous nous en rendions compte laisser le partenaire reprendre une place d'enfant, ce qui est assez courant durant la thérapie.

Mais le problème c'est que nous risquons de prendre la posture du **parent.** Cela peut être positif dans un premier temps, **cela servira pour la projection.**

Néanmoins, si je ne me rends pas compte que je valide cet état, je pourrais me perdre en coach ou en enseignant.

Je perdrais ma posture de praticien qui doit **le laisser trouver ses propres réponses** et éviter au possible de lui proposer ou imposer mes croyances.

Inversement certains partenaires, parfois un peu froids, fermés, directifs pourraient se placer rapidement en parent directif et imposer le lead en **vous imposant la posture d'enfant.**

J'ai d'ailleurs vu cela lors d'une formation que je suivais. La psy qui gérait la séance s'est petit à petit liquéfiée. Le partenaire avait complètement activé des ancrages qui ont fait retourner la pro dans son état d'enfant.

A tel point que sur une explication de ce que le 'patient' avait vécu, la psy s'est écroulée en larmes. Elle ne parvenait pas à reprendre les rennes de la séance en tant qu'adulte.

Je suis certain que vous avez déjà, pendant vos séances, vécu de telles choses. Vous avez dû observer le nombre de fois que **vos patients changent le timbre de leur voix.**

Nous avons l'impression qu'il parle avec des intonations d'enfants et même dans les traits du visage il se passe quelque chose. C'est souvent le signe d'une régression spontanée ou d'un point qui devrait être creusé.

Quand je garde cette idée que l'adulte est celui qui est en capacité de prendre conscience des choix et qu'après il pourra choisir, j'observe dans quels états il entre en fonction des différentes informations qu'il me propose.

Ce qui est intéressant c'est de s'apercevoir que lors du passage à l'adulte, il y a comme **une ouverture** sur l'ensemble de la problématique.

C'est comme un bug dans la machine. En effet, le partenaire regarde les différents éléments s'associer et semble ne plus parvenir à se perdre dans l'émotion, voire même le souvenir.

Comme si les pressions qu'offrent le parent et l'enfant intérieur, ainsi que le point de vue de ces derniers, s'apaisent ou commencent à chuchoter.

Hier j'ai eu une partenaire qui m'expliquait qu'elle ne pouvait s'enlever de la tête, un homme dont elle est la maîtresse.

Elle est tellement obsédée par cet homme qu'elle ne voulait plus aller à son travail qui se trouve trop loin de lui, qu'elle avait l'impression de n'être vivante qu'avec lui.

Après un échange et des questions qui l'ont entraînée dans une régression dans l'état d'**enfant libre,** elle m'a expliqué qu'elle avait toujours eu ce qu'elle souhaitait.

En creusant, elle m'a expliqué l'ennui assez régulier qu'elle vit depuis des années et que depuis qu'elle connaît cet homme c'est stimulant... parce que lui ne cède pas à son jeu.

L'échange se faisait plus avec la femme qui pensait être accro ou amoureuse de l'homme mais avec **la petite fille qui vit un amour projectif** avec un grand 'Et si...'

Quand petit à petit je proposais à sa partie adulte de prendre et de condenser tout ce qu'elle avait dit, elle a eu des larmes qui ont coulé et un blocage, elle m'a dit : 'je me suis menti à moi-même, je voulais juste jouer...'

Je sais, et c'est souvent le cas, que l'enfant va reprendre certainement un peu le pouvoir ; mais avec une autre règle à son jeu, il faudra travailler pour que dans cette situation, elle puisse rester l'adulte et ne pas se projeter en enfant libre qui dans cette situation devient **prisonnier.**

Dans notre posture nous restons sur **cette idée des 50/50**, avec un petit plus, celui de ne pas se perdre dans des états qui ne correspondraient pas.

Nous allons tenter de rester le plus **stable** possible concernant notre posture de praticien adulte. Cela pourra parfois sembler un peu froid pour le partenaire.

Prenez bien attention de **débuter votre séance en Adulte à Adulte.** Vous laissez alors la possibilité de prendre des décisions et d'ouvrir des possibilités.

C'est là que notre prétalk va avoir une importance particulière, il faudra à ce moment-là, **contacter l'adulte de notre partenaire,** pour qu'il évite de plonger dans une logique injonctive.

Notre méthode laissant beaucoup la croyance de la pleine puissance du praticien, très certainement en posture parent normatif dans la suggestion et bienveillant dans l'écoute des problèmes, notre discipline offre la possibilité de fuite dans l'état enfant de notre partenaire.

Cette méthode pourra même donner des retours comme : ça ne marche pas, l'hypnose ne fonctionne pas sur moi, vous n'avez pas réussi ...

Pour que ce soit plus simple pour votre démarche, pensez que vous **vous adressez à un adulte** dans les questions (le choix) et à un enfant de 5 ans dans les suggestions (le subconscient à 5 ans.

).

Chapitre 10 : Garder le Lead

Il est important dans notre posture de garder **le Lead**. En général nous le prenons **dès le Pretalk,** et c'est à ce moment que nous présentons **notre cadre.**

Les séances vont 'vivre', il y aura des moments où **garder la posture** pourra être difficile. En effet, il suffira d'une projection pour nous perdre et laisser le partenaire nous mener là où il le souhaite.

Souvenez-vous une règle d'or dans l'Hypnosophie : **'Tout est normal'.** Le lead ne sert pas à imposer des vérités, si nous le faisions **nous sortirions de notre posture,** mais de pouvoir recadrer, orienter, diriger les questionnements.

Il arrive trop souvent que les partenaires qui (se) construisent une balade arrivent à **nous emporter.** Ils nous mènent **loin de la question de départ** et encore plus loin du point qui pourrait déranger.

Ne prenez pas cela comme une chose voulue, c'est souvent une **résistance aux changements.**

Dans ces cas-là, vous pouvez reposer plusieurs fois la question.

Vous pouvez même l'interrompre, techniquement c'est une interruption de pattern.

Cela vous permettra de **réorienter votre séance.** Votre but est de pouvoir amener votre partenaire vers les points clefs. Le lead sera une façon de gérer cette séance.

Il y deux phases pour ceux qui connaissent un peu la PNL. Le Pace et le Lead. Le Pace est un moment où nous suivons le rythme de notre partenaire. Nous écoutons, nous prenons de l'information, des éléments qui devront être notés dans notre carte de connaissance.

C'est souvent **lors du Pace que nous pouvons perdre le partenaire,** qui rentrera dans ses discours répétitifs, ces mêmes mots qu'il connaît et répète depuis des années.

Reprendre le Lead peut se faire dans la délicatesse, ou de façon un peu plus marquée. Cela dépendra de la façon dont vous avez construit le rapport.

Gardez en tête que le lead permettra de vous **équilibrer dans votre posture.**

Chapitre 11 : Hypnothérapie – Hypnose de Rue

Dans la dernière partie de cet essai, je vais parler de la posture que l'on peut avoir dans la rue quand nous faisons de **l'hypnose urbaine.**

Il est important de prendre en compte plus encore que la posture, le cadre qui va prévaloir dans cette dynamique.

Il faut se souvenir que la pratique de l'hypnose Urbaine se fait dans la rue, les parcs, les bars, les restaurants, bref partout.

Je vous introduis un article que j'ai écrit concernant cette discipline pour que nous puissions vraiment voir les différents cadres et postures :

*Dans ma carte du monde de l'hypnose urbaine, je vois plusieurs choses. Aucune n'est mieux qu'une autre, je pense que **ce n'est pas la même démarche ni les mêmes attentes de la part des différents pratiquants.***

*- **L'Hypnose Spectacle de Rue :** C'est un débat que j'ai eu de nombreuses fois avec Mline. Je ne suis pas pour la démarche avec le **panneau dans la rue.***

Je l'ai fait il y a quelques années et les 2 ou 3 fois où nous l'avons sorti, il nous est arrivé des histoires assez surprenantes.

*Pour moi l'hypnose urbaine se veut dans **le contact avec les gens,** je souhaite faire découvrir cette discipline. Dans la notion de faire découvrir, je ne mets pas l'idée de forcément faire vivre des transes.*

*Or quand avec un panneau, **nous n'allons plus vers les personnes** mais nous attendons que ces dernières viennent vers nous, ce n'est **pas la même implication**, ni la même **stratégie**.*

*Dans un cas nous sommes pro actifs, (et nous prenons un **paquet de vents**) dans l'autre nous sommes **des animateurs d'un jeu** que nous allons mettre en place devant d'autres personnes pour attirer un regard et, possiblement **faire venir d'autres testeurs.***

*C'est pour moi une façon de faire **un mini spectacle dans la rue**, surtout si on utilise des routines pour que cela soit le plus spectaculaire possible.*

C'est génial, parce qu'aujourd'hui c'est une façon très ludique d'aborder l'hypnose et ne **viendront que ceux qui veulent.**

- L'Hypnose sociale : Aller vers les groupes, oser les aborder, aller dans une dynamique de dialogue pour faire changer les idées, les croyances, les perceptions.

Parfois, il y aura un test, un jeu, une transe, et **souvent rien de plus que des minutes d'écoute**, de partage. C'est comme le faisait remarquer Ody, **plus intrusif**. C'est vrai, et c'est là que le nombre d'hypnos à son importance. **Nous ne pouvons pas ouvrir** des groupes en trop grand nombre, cela deviendrait **trop agressif.**

Ce que j'aime ce sont les stratégies pour aborder, pour **proposer un peu de magie,** un instant imprévisible dans la vie de personnes que jamais nous ne recroiserons. Pour les amateurs de PNL c'est également un grand moment de mise en pratique.

- L'Hypnose pour faire vivre une expérience : Tout à l'heure en échangeant avec Riming, je lui disais que je trouvais dommage les prétests sur plusieurs personnes, parce qu'instinctivement vous verrez les hypnos foncer sur les **personnes qui semblent le plus suggestible.** Donc en laissant ceux qui semblent en **résistance.**

Il me faisait constater qu'avec les personnes qui se laissent aller on pouvait leur faire vivre de belles choses.

Et c'est vrai il a raison, mais dans ce cas là, le rôle de l'hypno est simplement de prendre quelques types de personnes qui peuvent vivre des phénomènes et laisser de côté les autres ?

C'est là que je me différencie de ce qui moi me motive :

- **L'Hypnose pour faire découvrir.** Faire découvrir une transe, même légère, une détente, un instant un peu différent, ou même une réflexion, une ouverture.

Qu'importe que la personne ne bouge pas d'un iota, le simple **fait d'avoir accepté, d'avoir tenté l'expérience,** de s'être laissé aller à 'voir', m'offre déjà une satisfaction.

Certes, l'autre pourra être déçu de ne vivre que ça, il va avoir de nombreuses questions, mais peut être simplement il sera ouvert à quelque chose qui va le passionner.

Bien sur on souhaiterait bien souvent faire vivre une expérience, mais ce n'est parfois ni le moment, ni le contexte. Alors on prétalk, on répond, on passe du temps.

*L'Hypnose Urbaine a de **multiple facettes,** certains vont chercher toujours de nouvelles routines, d'autres juste jouer un rôle, d'autre lier hypnose et magie...*

*Il y a mille façons de faire. Pour ma part **j'aime l'interaction avec l'autre**. Ses retours à ce qu'il vit, sa perception quand il voit ses mains bouger, une chaleur monter ou un rire se diffuser.*

Ce n'est pas spectaculaire, mais ce qui compte aujourd'hui pour moi ce sont eux et ce qu'ils peuvent découvrir et se laisser vivre.

Vous pouvez donc découvrir que nous avons différentes façons d'aborder cette superbe discipline. Un aspect qui petit à petit prend la place d'un cadre de spectacle et un autre un cadre de rencontre sociale.

Vous pouvez donc vous poser la question, sur la façon de vous positionner dans chacun des cadres. Une chose est certaine dans la rue, **nous n'avons plus du tout la posture de praticien.**

Nous n'avons pas la nécessité de rester sur du 50-50. Il est même plus intéressant de se centrer particulièrement sur notre partenaire. En règle générale, il reste dans la découverte, avec de la peur, de l'excitation, de la curiosité...

Nous devons faire en sorte que ce qu'il vive soit une **expérience agréable.**

Dans le cadre du spectacle de rue, très souvent nous allons prendre **un lead important,** celui du spécialiste qui va entraîner l'autre dans des aventures extraordinaires.

Il faut aussi que les personnes qui regardent cette situation puissent se référer à **une autorité.** Il est donc important que le pratiquant se place de façon à rassurer tout le monde.

Certains peuvent exagérer leurs rôles comme c'est souvent le cas sur scène, en s'attribuant des pouvoirs et des capacités hors du commun.

La posture est donc **très théâtrale**, elle est, dans le cas du spectacle de rue, davantage axée sur la performance de l'opérateur, et sur les effets de ses suggestions sur un badaud.

Dans la facette plus sociale de l'hypnose urbaine, la dynamique est différente et le cadre qui va être mis en place également.

Nous allons à la rencontre des autres, donc nous n'amenons pas les passants à venir vers nous, mais nous cherchons à **construire un contact avec ces inconnus pour quelques minutes de partage.**

Il y a une logique de construire le cadre en fonction des réactions des interlocuteurs.

La posture est davantage **basée sur le partenaire,** sur ce qu'il pense, sur ce qu'il vit, sur ce qu'il ressent. Nous nous effaçons pour laisser la place à sa perception.

Dans aucune des situations, que ce soit dans l'hypnospectacle de rue ou dans l'hypnose sociale, nous n'avons d'intention de jouer le praticien.

Nous ne sommes là que pour faire **découvrir** une capacité que chacun a en soi. Nous sommes des accompagnants de détente et de bienêtre.

Nous allons offrir un rapport différent, nous allons simplement faire attention à ce que les réactions du subconscient ne dépassent pas le cadre.

En effet, il est fréquent que le partenaire ait des **retours émotionnels.** C'est-à-dire que la transe permettant d'entrer dans un dialogue, profite d'être orientée pour faire remonter au conscient des émotions, ou des informations.

Ces informations peuvent créer une variation émotionnelle, des larmes, des sensations peu agréables.

Notre rôle sera donc de simplement réorienter la transe.

Nous prenons le temps de partager, de nous placer comme un guide.

C'est pour cette raison que je préfère ne pas faire intervenir la notion thérapeutique de l'hypnose, excepté dans le pretalk.

Nous devons prendre attention de dissocier ces deux aspects de la discipline, pour éviter des attentes ou des demandes qui n'ont pas lieu d'être dans la rue.

Conclusion

Dans cet essai je donne mes réflexions et les conseils que je propose à mes apprenants. Je les mets moi-même en pratique au quotidien.

Ma façon de travailler a beaucoup évolué ces dernières années et il est certain que cela continuera.

Ma posture a changé, d'un sauveur, j'ai pris le temps de comprendre que je ne peux sauver personne. Que personne ne peut être sauvé, et que l'unique chose à faire s'est **se sauver soi-même.**

Alors je suis devenu l'**accompagnant** du changement. Même si depuis toujours je le savais, l'intégration de cette information, de ce principe a mis beaucoup de temps.

Je pense que ce n'est qu'un début, plus je continue à étudier des systèmes et plus je complète mon **hypnosophie.**

Il faut être sincère, ce n'est pas toujours agréable de nous dire que ce que nous avons pratiqué n'était peut être pas si juste que cela. Maintenant je l'admets plus facilement, il est certain que durant des séances ma posture n'est pas au top.

En revanche, je suis désormais persuadé qu'en Hypnose, il nous manque réellement **un enseignement à ce sujet.** Et même si nous pouvons le lire dans des livres de psychologie, que nous regardons et étudions des conférences, il n'y a que notre pratique qui nous fera avancer.

Prenez le temps de vraiment vous interroger, allez voir ce que **d'autres méthodes proposent, ils ont souvent des principes à intégrer dans l'hypnose.**

Si nous nous mettons à notre place correctement, il y a de fortes chances que notre partenaire trouve également sa place.

Dans les années à venir, je relirai sûrement cet essai en souriant, comme vous le faites en faisant la rétrospective de vos pratiques anciennes.

Aujourd'hui ces principes de 50-50, communication avec l'adulte et d'autres points que j'ai partagés dans cet ouvrage sont les étapes clefs de ma pratique.

J'ai changé et donc mes partenaires ont changé, je ne peux pas vous dire que ce que je propose est mieux ou moins bien que ce que je faisais avant, les interlocuteurs n'ayant plus les mêmes attentes.

Prenez plaisir à redécouvrir l'hypnose avec une autre facette, prenez le temps de VOUS redécouvrir. Les automatismes ne sont pas les choses les plus simples à voir, vous pouvez vous faire superviser.

Prenez soin de vous et continuez à pratiquer de cœur à cœur.

Be One

Pank (Aout 2014)

Du même Auteur Chez HnO Edition

1/ *Initiation à l'Hypnose Classique Curative (Oct-2012)*
2/ *Méthode d'Auto Hypnose (Nov-2012)*
3/ *Hypnose et Régressions (Janv-2013)*
4/ *Initiation à l'Hypnose Urbaine (Dec-2012)*
5/ *L'ésotérisme décrypté par l'Hypnose (Avr-2013)*
6/ *Hypnose avec les Enfants (Mai-2013)*
7/ *Mieux éduquer ses enfants grâce aux outils de l'Hypnose (Juin-2013)*
8/ *CrossTherapy (Oct-2013)*
9/ *Mes Premiers pas sur la loi d'attraction (2013)*
10/ *Hypnose H-Ultra Ou Hypnose Profonde (Nov-2013)*
11/ *Laboratoire Hypnose Volume 1 (Oct-2013)*
12/ *CT Energetics : Magnétisme et Transes (Janv-2014)*
13/ *Chercheur sur la Loi d'Attraction (Janv-2014)*
14/ *Hypnose et Hypnosophie (Avr-2014)*
15/ *Apprendre le système TPA (Mai-2014)*
16/ *Hypnose et Posture du Praticien (Juil-2014)*
17/ *Hypnose et la Pre-test Therapie (Oct-2014)*
18/ *Base de PNL Interpersonnelle (Nov-2014)*
19/ *Base de la PnL Coaching (Fev-2015)*
20/ *Périple d'un Praticien d'Hypnose contre le Cancer (Fev-2015)*
21/ *Manuel de Formation à l'Auto Amour (Avr-2015)*
22/ *Hypnose et Douleur (Juil-2015)*
23/ *Cette Hypnose Ascendante nommée Hyperempiria (Sept-2015)*
24/ *Hypnose Elmanienne (Nov-2015)*
25/ *Questiosophie (Fev-2016)*
26/ *Crépuscule de l'Hypnose (Avril-2016)*
27/ *Pouvoir Limité (Mai-2016)*
28/ *Hypnose Spirituelle (Août-2016)*
29/ *Hypnose Invisible (Oct-2016)*

30/ Hypnose et Anneau gastrique hypnotique (Janv-2017)

Qui est HnO Hypnose ?

HnO Hypnose est une association de pratiquants et de praticiens en Hypnose à tendance Elmanienne, Hypnosophie, Hypnose Fusion et Thérapies Durables.

Notre but est de rechercher, développer, pratiquer et diffuser sur ces sujets. Pour ce faire, nous utilisons plusieurs leviers : des formations, des cabinets ouverts, de l'Hypnose Urbaine, des livres, des audios, des live Facebook, des Podcasts...

Nous organisons des formations en Hypnose Classique Curative, Hypnosophie et Psycho-Pratique Intégrative ainsi que des ateliers en thérapie durable.

L'Hypnosophie est une discipline de synthèse et intégrative. L'hypnose est un vaste monde avec des écoles, des styles et des tendances. Plus qu'un style, nous souhaitons intégrer, sur les bases communes de l'hypnose, une ouverture globale.

Nous organisons des cabinets ouverts, dans le but de faire découvrir l'aspect curatif au plus grand nombre.

Toutes les semaines nous organisons des sorties Hypnose Urbaine ou des Hypno-papotages. Nous y invitons des praticiens mais aussi des amateurs. Le but étant de faire connaître, dans un autre contexte que le soin, ce qu'est l'Hypnose. Cette expérience humaine est extraordinaire. Nous pouvons dissiper les à priori et faire vivre des expériences agréables aux passants. Vous pouvez trouver plus d'informations sur ce que nous mettons en place sur :
www.hno-hypnose.com

Nous avons mis en place un site de Mp3 d'Hypnose pour faire vivre des micros séances. Vous trouverez des informations sur :
www.hno-mp3-hypnose.com

Si vous souhaitez nous rencontrer, échanger, partager, n'hésitez pas à nous contacter :

Mail : hype.ose@gmail.com

YouTube / Twitter / Facebook : Hype-N-Ose

Aller plus loin avec HnO Hypnose

Site Hypnose Fusion :

J'ai fait un site qui regroupe désormais l'ensemble des thèmes que j'aborde régulièrement.

- Hypnose et Magnétisme
- Hypnose et rupture amoureuse
- Hypnose et Enfants
- Hypnosophie
- Crosstherapy
- Hypnose et Sexualité
- Hypnose et Sommeil
- Hypnose Urbaine
- Coaching et SmartBrain Process
- Hypnose et Grossesse
- Hypnose et Manipulation
- Hypnose et Arrêt du Tabac
- Hypnose et Anneau Gastrique Virtuel (Système BAGH)

N'hésitez pas à l'utiliser le plus possible, je vais le faire évoluer et répondrai à vos questions.
https://hypnosefusion.com/

Programme d'hypnose disponible gratuitement :

Programme pour se donner de la Bienveillance (21 Jours)
https://hypnosefusion.com/hypnose-et-bienveillance/

Programme Mincir et Prendre soin de soi (21 Jours)
https://hypnosefusion.com/systeme-bagh-programme-mincir-et-prendre-soin-de-soi-5min-jour-sur-21-jours/

Programme Arrêter de Fumer Gratuitement (21 Jours)
https://hypnosefusion.com/hypnose-et-arret-du-tabac/

Programme Anneau Gastrique Hypnotique Gratuit (21 Jours)
https://hypnosefusion.com/hypnose-et-anneau-gastrique-virtuel-systeme-bagh/

Programme Loi d'Attraction (21 Jours)
https://transeattraction.wordpress.com/

Programme Sommeil (7 Jours)
https://hypnosefusion.com/hypnose-et-sommeil/

Programme Hypnogrossesse (21 Jours)
https://hypnosefusion.com/hypnose-et-grossesse/

Programme Smartbrain Process (120 Jours)
https://hypnosefusion.com/coaching-et-smartbrain-process/

Boite à Outils :
Je vous ai mis en ligne une petite boite à outils sur le site
: https://hno-hypnose.com/boites-a-outils-et-partages/